Gerhard Bungert · Charly Lehnert
mit Zeichnungen von Pat Thiebaut

So schwätze mir

Redewendungen, Wortschatz und Grammatik

im Saarland

Kleine Saarland-Reihe

LEHNERT VERLAG

KLEINE SAARLAND-REIHE
Gerhard Bungert • Charly Lehnert

So schwätze mir

Redewendungen, Wortschatz und Grammatik im Saarland

ISBN 3-926320-09-5

Lehnert Verlag
Altneugasse 16
D-66117 Saarbrücken
Telefon (0681) 55 1 55
ISDN (0681) 927984-0
Telefax (0681) 55 5 86

Zeichnungen: Pat Thiebaut
Layout: Charly und Claudia Lehnert
Satz und Litho: DinGs. GmbH, St. Ingbert
Druck und Verarbeitung:
reha gmbh, Saarbrücken
Werkstatt für Behinderte

1.- 7. Tausend: 1987
8.- 9. Tausend: 1988
10.-14. Tausend: 1989
15.-17. Tausend: 1990
18.-20. Tausend: 1991
21.-23. Tausend: 1992
24.-26. Tausend: 1993
27.-29. Tausend: 1994
30.-31. Tausend: 1995
32.-33. Tausend: 1996
34. Tausend: 1997
35.-36. Tausend: 1998

Printed in Germany

Inhalt

Liebe Leserin, lieber Leser (Vorwort) 5

Der nördliche Teil des Saarlandes 10
Der südliche Teil des Saarlandes 12
Die Landeshauptstadt 14

Saarländische Redewendungen und Wortschatz 15

1. Lektion: Einfache Wendungen 16
2. Lektion: Gruß und Vorstellung 18
3. Lektion: Touristische Auskünfte, Fragen, Wünsche 21
4. Lektion: Mit dem Auto unterwegs 24
5. Lektion: Essen und Trinken 26
6. Lektion: Privat zu Gast 32
7. Lektion: In der Modeboutique 38
8. Lektion: Liebe und Beziehungen 41
9. Lektion: Beim Arzt 43
10. Lektion: Arbeit und Beruf 45
11. Lektion: Sport und Kultur 47
12. Lektion: Wetter 49

Kurzgrammatik der saarländischen Mundart 51

1. Bestimmter und unbestimmter Artikel (Geschlechtswort) . 52
2. Substantiv (Hauptwort) in Singular (Einzahl) und Plural (Mehrzahl) 53

3. Die Deklination (Beugung) der Substantive
(Hauptwörter) 55
4. Adjektiv (Eigenschaftswort) und Adverb (Umstandswort) . 60
5. Personalpronomen (persönliche Fürwörter) 61
6. Das Verb (Tätigkeitswort) in den verschiedenen Tempi
(Zeiten) 61
7. Die Hilfsverben in den verschiedenen Tempi 65
8. Konditional (Bedingungsform) und Konjunktiv
(Möglichkeitsform) 73
9. Der Imperativ (Befehlsform) 76
10. Das Passiv (Leideform) 77
11. Sonderkonstruktionen beim Gebrauch der Zeiten 78
12. Präpositionen (Verhältniswörter) 79

Bücher aus dem Lehnert Verlag
Mundart, Mentalität und Lebensart,
Landeskunde und Kulinarisches 82

Liebe Leserinnen, liebe Leser,

dieser Sprachführer hat uns gerade noch gefehlt – nicht nur uns Saarländern, auch allen unseren Gästen und Freunden. Sie kommen ins Saarland, staunen zuerst einmal, daß das Saarland kein kleines Ruhrgebiet ist, sondern eine Region mit sehr viel Natur. Dann wundern sie sich über unsere Gastfreundschaft und Gastronomie, doch schon recht bald stehen sie vor Sprachbarrieren.
Wir wollen ihnen mit diesem Büchlein helfen, sich bei uns besser zurecht zu finden und ihre Sprachhemmungen zu überwinden. Erst durch die sprachliche Verständigung entsteht Verständnis für unsere Kultur und unsere Lebensart. Erst wenn man „schwätzt“, statt zu „sprechen“, erst wenn man die Menschen in unserem kleinen Bundesland versteht, erst dann fühlt man sich bei uns „dehemm“.

Unser Sprachführer „So schwätze mir“ gehört in die Jacken- und Handtaschen aller, die saarländische Erde zum erstenmal betreten, die aus beruflichen, politischen oder touristischen Gründen den Weg in unsere Region gefunden haben oder sonstwie ständig mit der Spezies „Homo saaraviensis“ zu tun haben.

Auch vielen Saarländern, die ihre Muttersprache verlernt oder nie gelernt haben, wird „So schwätze mir“ ein nützlicher Helfer in vielen Lebenssituationen sein. Sprachkenntnisse muß man immer wieder auffrischen, und wie oft scheitern wir bei dem Versuch, uns der hochdeutschen Standardsprache zu bemächtigen! – Ist es da nicht besser, wenn wir auf unseren schönen Dialekt zurückgreifen? – Wir, die Autoren dieses Werkes, meinen dazu: „Ja“.

Resignieren Sie nicht, wenn Ihnen die ersten Versuche mißlingen! Man wird es Ihnen nicht verübeln. Im Gegenteil: Jeder Saarländer wird Ihr Bemühen anerkennen, sich in seiner Sprache auszudrücken. Haben Sie Geduld! Auch beim Erlernen und Wieder-Erlernen der saarländischen Mundart macht die Übung den Meister. Täglich mehrere Versuche, und Sie werden sich recht bald über Ihre Lernfortschritte wundern. Man wird Sie mit offenen Armen empfangen, Sie als gleichberechtigten Partner empfangen und bald können Sie von sich zurecht behaupten, daß Sie wirklich (Saar-)land und Leute kennen.

Wie lernt man am effektivsten?

Wir empfehlen Ihnen die situative Methode. Angenommen, Sie sind in einer saarländischen Familie eingeladen. Studieren Sie vorher intensiv die Lektion „Privat zu Gast“. Beginnen Sie zuerst mit dem Studium des passiven Wortschatzes! Decken Sie zu diesem Zweck die linke Seite, auf der die hochdeutschen Übersetzungen stehen, mit einem Blatt Papier ab! Versuchen Sie nun, die saarländischen Sätze ins Hochdeutsche zu übersetzen! Sie werden staunen, wieviel Sie schon können. Zum Glück ist unser passiver Wortschatz weitaus größer als unser aktiver. Das wird Sie motivieren, und das ist gerade beim Beginn des Studiums sehr wichtig. Danach verfahren Sie umgekehrt. Decken Sie also die saarländischen Übersetzungen ab und versuchen Sie, die hochdeutschen Sätze ins Saarländische zu übertragen. Sicher haben Sie einen saarländischen Mitmenschen in Ihrem Bekanntenkreis, der Ihnen bei diesem Studium hilft. Diese „Partnermethode", wie sie von Fachleuten bezeichnet wird, erweist sich als sehr effizient.

Erst wenn Sie alle Sätze der Lektion „Privat zu Gast" beherrschen, sollten Sie die Einladung annehmen. Sie werden über die lebendige Kommunikation staunen, gleichzeitig aber auch Lücken bemerken, die Ihre Aussprache, Ihren Wortschatz oder auch Ihre Kenntnisse der saarländischen Grammatik betreffen. Das ist kein Grund, in Resignation zu verfallen. Bedenken Sie immer, daß nur wenige Saarländer die hochdeutsche Sprache beherrschen. Von daher werden sie es Ihnen nicht verübeln, wenn Ihre ersten Versuche nicht auf Anhieb gelingen. Sehen Sie das Positive in Ihren Fehlern! Sie wissen jetzt, wo Ihre Lücken sind und können noch systematischer Ihre Kenntnisse vertiefen.

Zu diesem Zweck finden Sie im Anhang dieses Buches ein

Literaturverzeichnis. Mit Hilfe dieser Bücher können Sie es letztlich zur Meisterschaft bringen.

Die situative Methode läßt sich praktisch überall anwenden. Sollten Sie einmal nicht vor einer bestimmten Situation stehen (angenommen, Sie sind kerngesund, benötigen aber die Kenntnisse der Lektion „Beim Arzt“), dann helfen auch Rollenspiele mit willigen Partnern. Diese, von Fachleuten als „Partner-Rollen-Methode“ bezeichnete Vorgehensweise, ist nicht nur sehr erfolgreich, was das Erlernen der saarländischen Mundart betrifft. Sie hat auch einen hohen Unterhaltungswert. Letzterer steigt mit der Anzahl der saarländischen Zuschauer bzw. -hörer, sinkt aber wieder mit Ihren Lernfortschritten. Früher oder später wird man Sie als nützliches Glied der saarländischen Gemeinschaft akzeptieren.

Auch das sollten Sie noch beachten:

- Eine einheitliche saarländische Mundart gibt es nicht. Die Sprache im rheinfränkischen Teil des Saarlandes unterscheidet sich von der des moselfränkischen Teils etwa wie das Englische vom Amerikanischen oder das Kastilianische von der spanischen Sprache in den meisten Ländern Südamerikas. Unser Sprachkurs basiert auf dem „Saarbriggerische", dem „Oxford-Saarländisch" also, das zwar nicht überall genau so gesprochen, dafür aber überall verstanden wird.

- Eine einheitliche Schreibweise für die Mundart gibt es (noch) nicht. Deshalb sind Abweichungen möglich, sowohl innerhalb des Textes als auch zur üblichen Sprechweise. Fassen Sie das bitte nicht als einen Mangel auf! Es ist eher ein Zeichen für die Lebendigkeit und Vielfalt des Saarländischen, für seine innere Dynamik und Individualität.

- Nur noch wenige Saarländer sprechen Saarländisch ohne hochdeutschen Akzent. Das erleichtert die Verständigung ungemein. Auch wird das Hochdeutsche, die erste Fremdsprache der Saarländer, dank der modernen Medien von immer mehr Menschen verstanden und bisweilen auch ansatzweise gesprochen.

Ansonsten wird Ihnen jeder Saarländer sehr gerne helfen, wenn Sie einmal Verständigungsschwierigkeiten haben sollten.

In der Hoffnung, daß auch Sie bald voller Stolz sagen können: „So schwätze mir".

Gerhard Bungert und Charly Lehnert

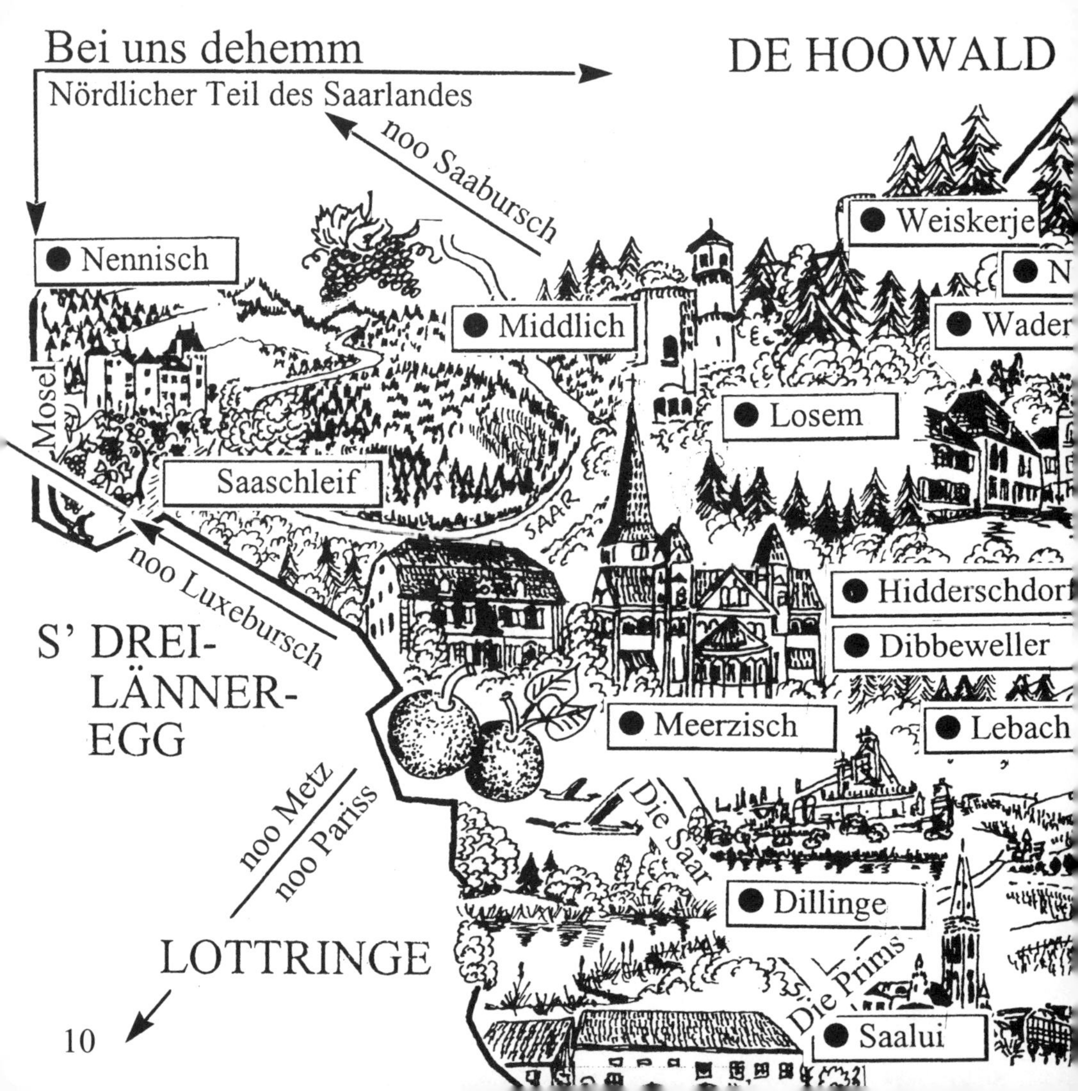
Bei uns dehemm
Nördlicher Teil des Saarlandes
DE HOOWALD
noo Saabursch
Nennisch
Weiskerje
Middlich
Wader
Mosel
Losem
Saaschleif
SAAR
noo Luxebursch
Hidderschdorf
Dibbeweller
S' DREI-
LÄNNER-
EGG
Meerzisch
Lebach
noo Metz
noo Pariss
Die Saar
Dillinge
LOTTRINGE
Die Prims
Saalui

DE HUNSRIGG
Nonnwiller
Die Nahe
Nohfelde
Tergismihl
S'REISCH
kerje
Haschborre
Boschdal-See
Owwakerje
Theele
Gruunisch
Thoole
Sangd Wennel
noo Laudere unn Monnem
Ottweller
DIE PALZ
Derminge
Blies
Äbbelborre
Waldmohr
Wiwwelskerje
Ihlinge
Neinkerje
Heiswiller
Heesche
Rischelsbersch
Dingmerd
Humborsch

noo Trier
noo Luxeburscb
Meerzisch
Lebac
Dibbewelle
Dillinge
Die Prims
Saalui
Die Saa
Die Nied
LOTTRINGE
Velgling
Die Rossel
Rossele
Bei uns dehemm
Südlicher Teil
des Saarlandes
Doo schwätze se
moselfränkisch
Doo schwätze se
rheinfränkisch
FRONKREISCH

Ottweller
Derminge
Ihlinge
Die Blies
S'REISCH
Waldmohr
Neinkerje
Bätschbach
Heiswiller
Piddlinge
Kergel
Humborsch
Dingmerd
Haasel
Ähneed
Werzbach
noo Laudere unn Monnem
Schäääd
Saabrigge
Ensem
Zwääbrigge
Kaschdel
Grosbli
ach
DIE PALZ
noo Metz
noo Stroosbursch
noo Pariss
Auerschmacher
Die Blies
ins Elsass
S' GRUMM
ELSASS
Saageminn

Die Landeshauptstadt

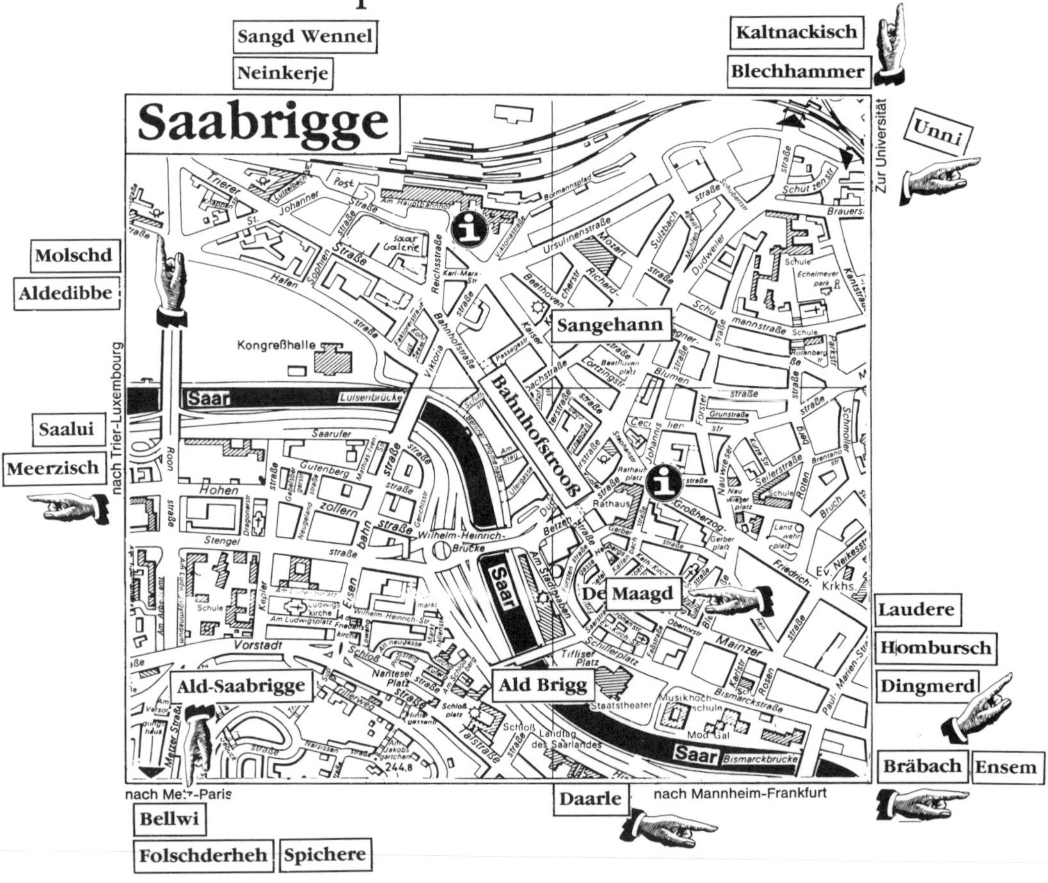

Saarländische Redewendungen und Wortschatz

(Saarbriggerisch)

1. Lektion: Einfache Wendungen

Ja	Ei joo
Nein	Ei nee
Niemals	Serleb Daachs net oder Ach woher dann
Danke	Dankescheen oder Merci
Selbstverständlich	Allemool oder

Das tut mir leid!

Das war doch net so gemennt
oder
Jetzt mach Dir mool net ins
Hemd!

Nun muß ich mich aber
sehr wundern.

Die Ausführungen erstaunen
mich aber sehr.

Saa nur!

Nun ist aber Schluß!

Awei is Zabbeduschder!

Auf ein Wiedersehen!

Allee dann!

2. Lektion: Gruß und Vorstellung

Guten Morgen	Gu Morje
Guten Tag	Gunn Dach
Guten Abend	N'Oomend
Gute Nacht	Gu Naachd

Wie ist bitte Ihr werter Name?	Sahn Se mool, wer sinn Sie dann eigentlich?
Ich heiße Josef.	Ich bin den Jupp.
Ich heiße Elfriede.	Ich bin es Elfi.
Wie geht es Dir? Wie geht es Euch? Wie geht es Ihnen?	Unn?
Das ist mein Ehegatte.	Das doo is meiner.
Und das ist meine Ehefrau.	Unn das doo is meins.
Das ist meine Mutter	Das is mei Mamme
mein Vater	mei Babbe
meine Patin	mei Good
mein Pate	mei Patt
mein Schwiegersohn	mei Dochdermann
meine Schwiegertochter	mei Sohnsfraa
mein Vetter	mei Kusseng
meine Base.	mei Kusine.

Und das hier ist unser jüngster

Sohn

unsere jüngste Tochter.

Unn das doo is unser

Klääner

unser Kläänes.

Das ist jene Frau, über die wir uns vorhin unterhalten haben und deren Namen mir entfallen ist.

Das is ähs.

Das ist jener Mann, dessen Namen ich nicht mehr weiß.

De Anner.

Grüßen Sie bitte Georg von mir!

E scheener Gruß an de Schorsch!

Grüßen Sie Tamara Backes!

E scheener Gruß an Backese Tamara!

3. Lektion: Touristische Auskünfte, Fragen und Wünsche

Was ist das?	Ei was is dann das doo?
Was kostet das?	Wieviel muß ma denn doodevor bezahle?
Kann man das umsonst bekommen?	Kann ma das aach „so“ kriehn?
Wo sind wir hier?	Ei wo sinn mir dann doo?

Ich möchte Herrn Backes sprechen?	Kann ich emool mit em Backes schwätze?
Wann wird das Museum geöffnet?	Wann mach die dann of?
Wann wird geschlossen?	Wann mache die dann zu?
Würden Sie die Freundlichkeit besitzen und mir leihweise das Programmheft überlassen?	Kenne Sie mir mool graad das Heftsche doo genn?
Wo kann man hier einen Stadtplan käuflich erwerben?	Wo kann ma dann doo e Stadtplan kriehn?
Wann und wo beginnt die Stadtrundfahrt?	Wann fangt dann die Stadtrundfahrt an? – Wo gehts dann los?
Welche Sehenswürdigkeiten gibt es hier?	Gebbds doo ebbes, wo sich ahnsegucke lohnt?
Wo bitte ist die Ludwigskirche?	Wo is dann die Ludwigskersch?
Mit Erstaunen stelle ich fest, daß jenes hier die Saarschleife ist.	O leck, das doo ist die Saarschleif.

Gibt es hier eine Möglichkeit zum Windsurfing?

Kann ma doo aach sörfe?

In welchem Restaurant bietet die Gastronomie eine überdurchschnittlich gute Qualität?

Wo kann ma dann doo gudd esse?

Der Preis spielt keine Rolle.

Es darf ruhisch ebbes koschde.

Es muß sehr preiswert sein.

Awwer net so deier.

Wir suchen ein preiswertes Hotel.

Gebbds doo e billisches Hotel?

Wecken Sie uns bitte um sieben Uhr!

Kenne Sie uns um siwwe Uhr wecke?

Die Rechnung bitte!

Mir wolle bezahle.

Wir waren von dem Aufenthalt sehr angetan.

Uns hats arisch gudd gefall.

4. Lektion: Mit dem Auto unterwegs

Können Sie mir bitte sagen, wie ich nach dem Saarbrücker Stadtteil Herrensohr komme?

Sahn Se mool, wie komm ich dann doo am beschde nooh Kaltnackisch?

Wo bitte ist hier in der Nähe eine Parkmöglichkeit?

Wo kann ma dann doo parke?

Ich habe eine Reifenpanne.	Ich hann e Platter.
Der Motor ist offensichtlich defekt.	Die Maschin is kaputt. Sie duhds nemmeh.
Dort hinten ist es zu einem Unfall gekommen.	Doohinne hats gerummst.
Es ist nicht meine Schuld.	Ich wars net.
Ich habe nur einen geringen Blechschaden.	Ich hann nur e Bawwer.
Können Sie mir das Auto bis morgen reparieren?	Kenne Sie mir die Kischd bis morje wedder in die Reih bringe?

5. Lektion: **Essen und Trinken**

Im Restaurant

Wann bitte sind die Essenszeiten?	Wann gebbds dann doo ebbes se esse?
Was steht heute auf dem Speiseplan?	Was gebbds dann heit se esse?
Ich bin sehr hungrig.	Ich hann e Mords-Kohldamp.

Bringen Sie mir bitte eine große Portion!	Mach awwer noch e ahnstännischer Schlaach dezu!
Wir nehmen nur eine Kleinigkeit.	Hann se net aach ebbes Klläänes?
Das Essen war ausgezeichnet!	Alles was Recht is: Uns hats geschmeckt. Das is die Hauptsach.

Am Schnellimbiß

Der Schnellimbiß	Die Roschdworschdbuud
Eine Bratwurst	E weißi
Eine Mettwurst	E roodi
Das Brötchen	De Weck
Der Senf	De Senft
Ich habe mir meine Jacke bekleckert.	Ich hann mir de Juppe versuddelt.
Das Getränk	Ebbes fier se trinke

In der Wirtschaft

Habe ich einen Durst!

Hann eisch en Brand!

Ein Bier mit Cola bitte.

E Gespritztes.

So heißt das in Saarbrücken
und Umgebung.
Im Saarlouiser Raum
gebraucht man den Begriff

E Cola-Bier

und in dem Gebiet
um St. Wendel bestellt man

E Cola-Schuß

Einen Fernet Branca
mit Ricard

E Doktor

Ein Bier mit Limonade
gemischt

E Panaché

Ich möchte eine
Limonade mit Cola.

Ich maan
e kalter Kaffee.

Würden Sie mir bitte
die Rechnung bringen!

Zieh mich mol ab!

Leider bin ich derzeit nicht liquide, weshalb ich Sie bitte, es mir zu gestatten, in den nächsten Wochen zu zahlen!	Mach mir e Deckel! oder: Loß mich leije! oder: Schreibs of!
Jetzt will ich aber aufbrechen.	Aweil gehn ich hemm.
Sonst habe ich morgen früh Probleme mit dem Aufstehen.	Morje frieh is die Naacht erum.
Und ich leide unter den Nachwirkungen des Alkoholgenusses.	Unn ich lei im Sulwer.
Dieses Lokal hat mir sehr gut gefallen.	Das doo is e kloori Kneip.
Der Umsatz an Bier scheint ein großer zu sein.	Do steht de Zapphan net still.
Auf Wiedersehen, Freunde des guten Tropfens.	Alleh dann, Ihr Saufkepp.

Die wichtigsten Vokabeln:

Der Teller	De Deller
Die Tasse	Die Tass
Der kleine Teller	Es Dellersche
Das Glas	Es Glas
Der Bierkrug	De Humbe
Das Messer	Es Messer
Das kleine Messer	Es Kneipche
Die Gabel	Die Gawwel
Der Löffel	De Leffel
Der sehr große Löffel	Die Boll
Der Topf	De Dibbe
Die Schüssel	Die Schissel
Das Brot	Es Brot
Das Endstück des Brotes	Es Kniesje
Die Butter	De Butter

Die Marmelade	Die Sießschmier
Die Suppe	Die Supp
Der Braten	Dẹ Broode
Die Soße	Die Sooß
Die Kartoffeln	Die Grumbeere
Die Gemüsebeilage	Es Gemies
Der Salat	De Salat
Die Nachspeise	Ebbes fier se Schnäke
Der Bohnenkaffee	De gudde Kaffee
Der „dünne“ Kaffee	De Muckefuck
Der Zucker	De Zucker
Die Milch	Die Millisch
Der Kuchen	De Kuche
Die Wurst	De Worschd
Der Käse	De Kääs
Das Bier vom Faß	Es Frischgezappte

3. Lektion: Privat zu Gast

Die Gäste haben sich, wie so oft, verspätet.	Die gehn awwer aach net bei.
Würdest Du bitte die Haustür öffnen?	Mach emool uff!
Wie ist das wehrte Wohlbefinden?	Gehts gudd?
Treten Sie bitte ein und nehmen Sie Platz!	Kommen rin unn hucken Eisch!
Sie hätten wirklich kein Geschenk mitbringen müssen.	Das do wär doch net needisch gewään.
Legen Sie bitte an der Garderobe ab!	Hängen Eisch uff!
Meine Frau macht sich eben noch etwas zurecht.	Meins dudd sich noch stribbe.
Sie war es, die das Essen zubereitet hat.	Ähs hat ebbes gebrutschelt.

Der Tabak, den Sie rauchen, riecht aber äußerst würzig.	Was flubbe Ihr dann do fier e Gewwel?
Sie haben einen äußerst repräsentativen Wagen.	Sie hann awwer e mords Schlitte.
Die Anschaffung eines solchen würde unsere finanziellen Möglichkeiten übersteigen.	So ebbes kenne mir uns net leischde.
Wir besitzen lediglich einen Kleinwagen.	Mir hann so e Nuggelpriemsche.
Es handelt sich um ein älteres Modell.	Das is e aldi Forzkischd.
Warum zwickst Du mich?	Was petzschd Du mich dann die ganz Zeit?
Darf ich Ihnen unsere Tochter Tanja vorstellen?	Das doo is unser Tanja.
Ihr Bruder Carsten, dieser Herumtreiber, kommt immer spät nach Hause.	Sei Bruder, de Carsten, der Freckert, geht oomends net bei.
Welches Getränk bevorzugen Sie?	Was trinke Ihr dann?

Dieses ist ein hochprozentiger Schnaps des Obst- und Gartenbauvereins.

Der doo Gauwhisky geht awwer gudd bei.

Den können Sie aber unbesorgt trinken.

Der duhd Ihne nix.

Nein danke, mehr vertrage ich nicht.

Aweil is awwer zappe.

Wir haben ein Brathuhn zubereitet. Dazu reichen wir Endivien-Salat und Brat-kartoffeln.	Mir hann e Hinkel gebrood. Dezu gebbds Endivie unn Broodgrumbeere.
Das wird Ihnen munden. Nach dem Essen haben die Damen Gelegenheit zu einer gepflegten Konversation.	Do kenne Ihr Eisch latze. Noh'm Esse kenne die Weibsleit noch e bißje rätsche.
Wir werden uns derweil sportlich betätigen.	Mir gucke dann die Sportschau.
Sie haben aber die Teller sehr schön leer gegessen.	Ihr hann awwer die Platt gebutzt.
Bitte keine Übertreibungen.	Jetzt loß emool net die Kuh fliehe.
Rede doch keinen Unsinn!	Schwätz kenn Fubbes!
Der Kaffee ist Ihnen aber etwas dünn geraten.	Was hann Ihr dann doo für e Muckefuck.
Er schmeckt äußerst fade.	Der schmeckt wie engeschloofene Fieß.

Greifen Sie nur zu!	Nur kenn Hemmunge!
Es schickt sich nicht, Überreste zurückzulassen.	Urwesse genn kenn gemach!
Unser Großvater tanzt sehr gern, obwohl man ihn nicht gerade mit gutem Gewissen als Meister der Gesellschaftstänze bezeichnen kann.	Unser Opa danzt wie e Lump am Stecke.
Seine Frau hat sich in den Nachkriegsjahren bereits von ihm getrennt.	Seins is je. – Schon so neinzehnhunnert noo em Kriesch.
Es geziemt sich nicht, über andere Leute zu reden.	Aldi Rätsch!
Ich bin sehr müde.	Ich bin arisch bibb.
Du bist unausstehlich.	Du bischd grimmelwiedisch.
Das echauffiert mich sehr.	Doo kennschde die Geißegischdere kriehn.
Ich mag es nicht, wenn Du immer wieder dieses Scheinargument ins Feld führst.	Doodemit kannschd Du mir net komme.

Du scheinst sehr nervös zu sein.

Du bischd awwer arisch äbbeldenzisch.

Sie werden doch noch etwas bei uns verweilen.

Geh fort, Ihr werre doch net schon gehn.

Wir werden uns nun auf den Heimweg machen.

Aweil gehn mir hemm.

Bis bald!

Allee dann!

Die Gäste sind weg, und ich muß wieder aufräumen.

Fort sinn se, unn ich hann die Uwwerraasch.

7. Lektion: In der Modeboutique

Du bist nicht gerade nach der neuesten Mode gekleidet.

Du bischd gemuschdert wie's Gretel im Herbschd.

Die Hose rutscht Dir.

Du bischd die Bux am verliere.

Hosenträger sind außer Mode.

Ma zieht doch keen Galljer meh ahn.

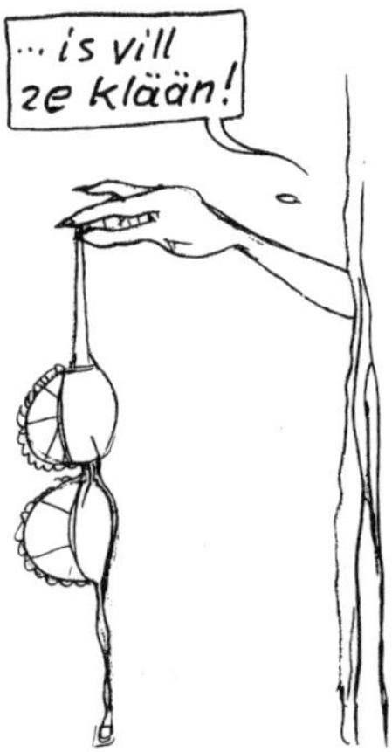

Dir ist beim Anziehen Deines Oberhemdes ein Fehler unterlaufen.	Du haschd es Hemd hinnerschdverderschd ahn.
Dein Kleid hat ein ungewöhnlich, modisches Design.	Dei Klädd is awwer kloor geschnied.
Bei der Hochzeit trägt der Bräutigam eine Fliege.	Fier heirate se gehn, zieht ma e Riwwer-Niwwer ahn.
Zu diesem Anlaß trage ich eine Krawatte.	Doodefier zieh ich e Schlips ahn.
Die Schirmmütze kleidet Dich sehr.	Die Batschkapp steht Dir awwer gudd.
Mit der Latzhose bist Du für gesellschaftliche Ereignisse nicht korrekt gekleidet.	Mit dem Bloomann kann ma Dich net fier gudd mitholle.
Zeigen Sie mir bitte jene Pantoffeln!	Bringe Se mir mol doo hinne die Schlabbe.
Außerdem brauche ich noch Schnürsenkel.	Schuhnischdele muß ich joo aach noch hann.

Ich habe mir die Jacke mit lehmiger Erde verunreinigt.

Ich hann mir de Juppe mit Batsch versuddelt.

Fräulein, man kann die Spitzen Ihres Unterrocks sehen.

Frolleinsche, bei Ihne blitzts.

Dieses modische Schuhwerk paßt nicht zu den eher bäurisch wirkenden Füßen jener Frau.

Parisser Schiggelscher unn Kellerdahler Fieß.

8. Lektion: Liebe und Beziehungen

Sie haben eine feste Beziehung.	Sie gehn mitenanner
Sie haben Ihre Beziehung einvernehmlich gelöst.	Sie gehn nemmeh mitenanner.
Er hat sie sehr leidenschaftlich umworben.	Er is ganz scheen bei gang.

Er hat große Erfolge bei den Frauen, jedoch nicht immer bei den edelsten.	Er hat Schangse wie e Stall-bäsem. An dem bleibt jed Knoddel hänge.
Sie ist eine unmoralische Frau.	Ähs daut hinne unn vorre nix.
Sie hat eine außereheliche Beziehung.	Ähs geht näwenaus.
Sie ist in anderen Umständen.	Ähs kriehd ebbes Klläänes.
Ich liebe Dich.	Ich hann Dich gääre.
Diese Frau wäre meiner gesellschaftlichen Reputation sicher von Nutzen.	Mir dem doo dääd ich emool gääre ahngenn.
Peter war mit ihr intim.	De Pitt hats gedubbert.
Moralische Bedenken sollte man dabei nicht haben.	Doo is joo aach nix Ahn-stännisches debei.

9. Lektion: Beim Arzt

Ich bin erkältet.	Ich hann die Freck.
Ich bin stark erkältet.	Ich hann de Dalles.
Ich habe Durchfall.	Ich hann die Laafdabber oder de Dabberdommeldich.
Ich habe eine Beule.	Ich hann e Bause.

Ich habe ein blaues Auge.	Ich hann e Viezje.
Mein Bein schmerzt mich.	Ich hann e wehes Bään.
Ich habe Kopfschmerzen infolge übermäßigen Alkoholgenusses.	Ich hann e Brummschädel.
Ich muß immerzu würgen.	Ich hann e Krott im Hals.
Ich fühle mich elend und kraftlos.	Ich bin bibb unn schlabb.
Ich glaube, ich habe Herpes.	Ich hann e Grind an de Schniss.
Mir geht es nicht gut.	Mir is so raulich.
Ich leide unter depressiven Zuständen, ich möchte nach Hause.	Ich hann arisch die Flemm, ich maan hemm.
Mein Auge ist geschwollen.	Ich hann e Bollau.
Ich habe ein Gerstenkorn.	Ich hann e Wähschisser.
Irgendetwas stimmt nicht mit meinem Gesundheitszustand.	Mir is garnet enduhn.
Können Sie mich ambulant behandeln?	Kenne Sie mich verarzte?
Ich bin wieder gesund.	Ich bin wedder in de Reih.

10. Lektion: Arbeit und Beruf

Mein Vater arbeitet in einem Hüttenwerk

...in einem Bergwerk.
...in einer Regierungs-dienststelle.
...bei der Müllabfuhr.

Mei Vadder schafft of de Hitt

...of de Gruub.
...of de Regierung.
...bei de Äschekiwwele.

Er ist der allein entscheidungsbefugte Vorgesetzte.	Er is de Hauptchef.
Er hat das Sagen.	Er hats Ganze.
Insgesamt unterstehen ihm vierzig Mitarbeiter.	Er hat verzisch Leit unner sich.
Bis vier arbeite ich im Büro.	Ich hann bis vier Dienschd.
Meine Tochter ist Hausfrau.	Mei Dochder is dehemm.
Ihr Mann ist Elektriker.	Seiner schafft als Elektrischer.
Sein Vater is art-director in einer Werbeagentur.	Sei Vadder is so e Art Direktor in me Reklamelaade.
Es ist gewissermaßen ein Intellektueller.	Sah mir mool so: Er schafft meh mit em Kopp.
Er ist hochqualifiziert.	Er hat schwer ebbes offem Kaschde.
Meine Mutter war schon immer Hausfrau.	Mei Mudder is noch nie schaffe gang.
Am zweiten Tag des Monats hat sie bereits Probleme mit der Führung der Haushaltskasse.	Am Zwedde saad se immer: „De Deiwel hol die ledschde 28 Daach vom Monat!“

11. Lektion: Sport und Kultur

Ich möchte heute einmal einem Heimspiel des 1. FC Saarbrücken im Ludwigsparkstadion beiwohnen.

Heit gehn ich bei de FC.

Ist die Badesaison bereits eröffnet.

Isses Schwimmbad schon of?

Wird Eintritt erhoben?

Koschd das ebbes?

Was wird heute im Staatstheater gegeben?

Was gebbds dann heit im Thejater?

Eine Konzertveranstaltung, eine Oper, eine Operette, ein Musical.

Mussik.

Dort ist eine Galerie.

Doohinne hann se Bilder ofgehängt. Die kann ma sich ahngucke.

Unsere saarländische Kulturlandschaft hat in jeder Hinsicht viel zu bieten.

Bei uns is immer ebbes los.

12. Lektion: Wetter

Das Wetter ist heute aber sehr schön.	Heit isses emool scheen.
Die Sonne scheint sehr stark.	Die Sonn scheint Ploodere.
Jetzt staune ich aber, denn bald wird es anfangen zu regnen.	O leck, gleich räänts.

Es regnet bereits leicht.	Es trippst schon.
Es regnet heftig.	Es schifft. oder: Es räänt Heigawwele.
Es hagelt.	Es schloooßt.
Es donnert.	Es dimmelt.
Es schneit.	Es schneet.
Mir ist kalt.	Ich hann kalt.
Wie hoch ist denn die Temperatur?	Wieviel Grad hammer?
Das schlechte Wetter läßt nach.	Es hat ofgeheert.

Kurzgrammatik der saarländischen Mundart

(Saarbriggerisch)

1. Bestimmter und unbestimmter Artikel (Geschlechtswort):

Das Saarländische kennt wie das Hochdeutsche **drei** bestimmte Artikel:

Hochdeutsch	Saarländisch
der die das	**de** **die** **es**

Lediglich die weibliche Form ist mit der des hochdeutschen identisch.

Beispiele:

der Kohl	**de** Kappes
die Kirche	**die** Kersch
das Mädchen	**es** Määde

Wichtig: Wir gebrauchen den Artikel auch vor Vornamen. Männliche Vornamen haben einen männlichen, weibliche einen sächlichen Artikel.

Beispiele:

Peter	**de** Pitt
Georg	**de** Schorsch
Maria	**es** Marei
Elfriede	**es** Elfi

Der unbestimmte Artikel wird – wie im Englischen – geschlechtsneutral gebraucht. Er heißt immer „e“ – unabhängig davon, ob das darauf folgende Substantiv (Hauptwort) männlich, weiblich oder sächlich ist.

Beispiele:

ein Mann eine Frau ein Problem	**e** Mann **e** Fraa **e** Huddel

Das Saarländische kennt keine Mehrzahlbildung des unbestimmten Artikels. Das Wort „einige“ gibt es also nicht. Unsere Hilfkonstruktionen sind mehr oder weniger konkrete Mengenangaben.

Beispiele:

einige Kartoffeln einige Blumen einige Schulden	**e paar** Grumbeere **e putsche** Blume **e Arsch** voll Schulde

2. Substantiv (Hauptwort) in Singular (Einzahl) und Plural (Mehrzahl):

Der Plural der Substantive bildet sich in den meisten Fällen wie im Hochdeutschen.

Die folgende Liste der verschiedenen Formen zeigt, wie schwer es für Ausländer ist, die korrekte Pluralbildung im Deutschen zu erlernen. Andererseits haben Deutsche keine allzu großen Schwierigkeiten, sich der saarländischen Formen geistig zu bemächtigen.

Pluralbildung ohne Umlaut				
Veränderung der Endung	Hochdeutsch		Saarländisch	
	Singular	Plural	Singular	Plural
Anhängen von „e“	das Brot	die Brote	es Brood	die Broode
Anhängen von „er“	das Kind	die Kinder	es Kind	die Kinner
Anhängen von „s“	das Taxi	die Taxis	es Taxi	die Taxis
Anhängen von „n“	der Bauer	die Bauern	de Bauer	die Bauere
ohne Veränderung	das Kissen	dic Kissen	es Kisse	die Kisse
Pluralbildung mit Umlaut				
Anhängen von „e“	der Bart	die Bärte	de Baad	die Bäärd
Anhängen von „er“	der Wald	die Wälder	de Wald	die Wälder
ohne Veränderung	der Graben	die Gräben	de Grawe	die Gräwe

Saarländische Besonderheiten:

- Ein Anhängen des „n" gibt es nicht. Es wird ersetzt durch ein „e" (Bauer – Bauer**e**).

- Konsonanten (Mitlaute) werden „abgeschliffen" (Kinner, Gräwe)

Daneben gibt es noch zahlreiche Sonderkonstruktionen (Tafel – Tafel**e**, Läppsche – Läppsch**er**).

3. Die Deklination (Beugung) der Substantive (Hauptwörter):

1. Gruppe (stark)
Maskulina (männlich)

Zahl	Fall	Hochdeutsch	Saarländisch
Singular (Einzahl)	Nominativ (Wer? Was?)	der Bart	**de** Baad
	Genitiv (Wessen?)	des Bartes	**vom** Baad
	Dativ (Wem?)	dem Bart(e)	**em** Baad
	Akkusativ (Wen?)	den Bart	**de** Baad
Plural (Mehrzahl)	Nominativ	die Bärte	**die** Bäärd
	Genitiv	der Bärte	**von de** Bäärd
	Dativ	den Bärten	**de** Bäärd
	Akkusativ	die Bärte	**die** Bäärd

Femina (weiblich)
– im Singular endungslos –

Singular	Nominativ Genitiv Dativ Akkusativ	die Mutter der Mutter der Mutter die Mutter	**die** Mudder **von** de Mudder **de** Mudder **die** Mudder
Plural	Nominativ Genitiv Dativ Akkusativ	die Mütter der Mütter den Müttern die Mütter	**die** Midder **von de** Midder **de** Midder **die** Midder

Neutra (sächlich)

Singular	Nominativ Genitiv Dativ Akkusativ	das Schaf des Schafes dem Schaf(e) das Schaf	**es** Schoof **von** em Schoof **em** Schoof **es** Schoof
Plural	Nominativ Genitiv Dativ Akkusativ	die Schafe der Schafe den Schafen die Schafe	**die** Schoof **von de** Schoof **de** Schoof **die** Schoof

2. Gruppe (schwach)
Maskulina

Singular	Nominativ Genitiv Dativ Akkusativ	der Mensch des Menschen dem Mensch den Menschen	**de** Mensch **von em** Mensch **em** Mensch **de** Mensch
Plural	Nominativ Genitiv Dativ Akkusativ	die Menschen der Menschen den Menschen die Menschen	**die** Midder **von de** Mensche **de** Mensche **die** Mensche

Feminina
– im Singular endungslos –

Singular	Nominativ Genitiv Dativ Akkusativ	die Frau der Frau der Frau die Frau	**die** Fraa **von de** Fraa **de** Fraa **die** Fraa
Plural	Nominativ Genitiv Dativ Akkusativ	die Frauen der Frauen den Frauen die Frauen	**die** Fraue **von de** Fraue **de** Fraue **die** Fraue

3. Gruppe (gemischt)
Maskulina

Singular	Nominativ Genitiv Dativ Akkusativ	der See des Sees dem See den See	**de** See **von em** See **em** See **de** See
Plural	Nominativ Genitiv Dativ Akkusativ	die Seen der Seen den Seen die Seen	**die** Seeje **von de** Seeje **de** Seeje **die** Seeje

Neutra

Singular	Nominativ Genitiv Dativ Akkusativ	das Ende des Endes dem Ende den Ende	**es** Enn **von em** Enn **em** Enn **es** Enn
Plural	Nominativ Genitiv Dativ Akkusativ	die Enden der Enden den Enden die Enden	im Saarländischen nicht existent; wird entweder ausnahmsweise hochdeutsch gebildet – mit saarländischer Aussprache – oder malerisch umschrieben

Grundregeln für die Deklination des Substantivs im Saarländischen

- Nominativ und Akkusativ sind identisch.
- Der Genitiv wird durch eine dativische Konstruktion mit dem Wort „von" gebildet.
  Oft benutzen wir auch ein Possessivpronomen (besitzanzeigendes Fürwort) und stellen den Satz entsprechend um. Beispiel: „Marias Auto" heißt im Saarländischen entweder „es Auto von em Maria" oder „em Maria sei Auto").
- Der Dativ bildet sich ähnlich dem Hochdeutschen (aus „dem" wird „em" und aus „den" und „der" wird „de").

4. Adjektiv (Eigenschaftswort) und Adverb (Umstandswort)

Beide Formen bilden sich wie im Hochdeutschen. Ein Unterschied: In einigen wenigen Fällen können Adjektiv und Adverb im Saarländischen Verkleinerungsformen bilden.

Beispiele:

Hochdeutsch	Saarländisch (normal)	Saarländisch (verkleinert)
sauber komm schnell	propper komm dabber	propper**sche** komm dabber**sche**

Diese Verkleinerungsformen werden oft im Gespräch mit Kindern (oder ersatzweise mit kleinen Tieren) gebraucht.

Anmerkung zur Etymologie (Wortherkunft):

Das Wort „propper“ leitet sich von dem französischen Adjektiv „propre“ (= sauber) ab, und „dabber“ kommt von dem Wort „tapfer“ (Bedeutungswandel).

5. Personalpronomen (persönliche Fürwörter)

Zahl	Hochdeutsch	Saarländisch
Singular	ich du er sie es	ich du er **ähs** es
Plural	wir ihr sie	**mir** ihr **se/die**

6. Das Verb (Tätigkeitswort) in den verschiedenen Tempi (Zeiten)

Die Stammform (ohne Umlaut)

Zeit	Hochdeutsch	Saarländisch
Präsens (Gegenwart	ich baue du baust er baut sie baut es baut wir bauen ihr baut sie bauen	ich baue du bauschd er baut ähs baut es baut mir baue ihr baue se/die baue

Unterschiede gibt es in der zweiten Person Singular und in sämtlichen Formen des Plural. Im Saarländischen sind – mit Ausnahme der zweiten und dritten Person Singular – alle Formen mit dem Infinitiv (Nennform, in unserem Fall „baue") identisch.

Die Stammform (mit Umlaut)

Präsens	ich trage du trägst er trägt sie trägt es trägt wir tragen ihr tragt sie tragen	ich trahn du trahschd er traht ähs traht es traht mir trahn ihr trahn se/die trahn

Während sich im Hochdeutschen die zweite und dritte Person Singular mit einem Umlaut bilden, verzichtet die saarländische Mundart auf diesen Schnörkel. Von daher können wir diese Unterscheidung ab jetzt ignorieren.

Die Vergangenheitsformen

Perfekt (vollendete Gegenwart)	ich habe gebaut du hast gebaut er hat gebaut sie hat gebaut es hat gebaut wir haben gebaut ihr habt gebaut sie haben gebaut	ich hann gebaut du haschd gebaut er hat gebaut ähs hat gebaut es hat gebaut mir hann gebaut ihr hann gebaut se/die hann gebaut

Imperfekt (Vergangenheit)	ich baute du bautest er baute sie baute es baute wir bauten ihr bautet sie bauten	im Saarländischen nicht existent; Ersatzzeiten sind das Perfekt oder – wenn die Tätigkeit länger zurückliegt – das Plusquamperfekt

Plusquamperfekt (vollendete Vergangenheit)	ich hatte gebaut du hattest gebaut er hatte gebaut sie hatte gebaut es hatte gebaut wir hatten gebaut ihr hattet gebaut sie hatten gebaut	ich hott gebaut du hottschd gebaut er hott gebaut ähs hott gebaut es hott gebaut mit hotte gebaut ihr hotte gebaut se/die hotte gebaut

Zukunftsformen

Die nahe Zukunft	Im Hochdeutschen nicht existent; man behilft sich mit der Futurform oder - ersatzweise - mit der Gegenwartsform mit Zusätzen wie „bald“o. „im nächsten Jahr“.	ich gehn baue du gehschd baue er geht baue ähs geht baue es geht baue mir gehn baue ihr gehn baue se/die gehn baue

Futur I (Zukunft)	ich werde bauen du wirst bauen er wird bauen sie wird bauen es wird bauen wir werden bauen ihr werdet bauen sie werden bauen	ich werre baue du werrschd baue er werd baue ähs werd baue es werd baue mir werre baue ihr werre baue se/die werre baue

Futur II (vollendete Zukunft)	ich werde gebaut haben du wirst gebaut haben er wird gebaut haben sie wird gebaut haben es wird gebaut haben wir werden gebaut haben ihr werdet gebaut haben sie werden gebaut haben	ich werre gebaut hann du werschd gebaut hann er werd gebaut hann ähs werd gebaut hann es werd gebaut hann mir werre gebaut hann ihr werre gebaut hann se/die werre gebaut hann

7. Die Hilfsverben in den verschiedenen Tempi

Das Hilfsverb sein

Präsens	ich bin du bist er ist sie ist es ist wir sind ihr seid sie sind	ich bin (altsaarländisch: ich sinn) du bischd er is ähs is es is mir sinn ihr sinn se/die sinn

Perfekt	ich bin gewesen	ich bin gewään (altsaarländisch: ich sinn gewään)
	du bist gewesen	du bischd gewään
	er ist gewesen	er is gewään
	sie ist gewesen	ähs is gewään
	es ist gewesen	es is gewään
	wir sind gewesen	mir sinn gewään
	ihr seid gewesen	ihr sinn gewään
	sie sind gewesen	se/die sinn gewään

Imperfekt	ich war	ich war
	du warst	du warschd
	er war	er war
	sie war	ähs war
	es war	es war
	wir waren	mir ware
	ihr wart	ihr ware
	sie waren	se/die ware

Plusquamperfekt	ich war gewesen	ich war gewään
	du warst gewesen	du warschd gewähn
	er war gewesen	er war gewähn
	sie war gewesen	ähs war gewään
	es war gewesen	es war gewään
	wir waren gewesen	mir ware gewään
	ihr ward gewesen	ihr ware gewään
	sie waren gewesen	se/die ware gewään

nahe Zukunft	im Hochdeutschen und im Saarländischen nicht existent; Hilfskonstruktion: Präsens oder Futur I mit Zusätzen wie „gleich“ oder „in wenigen Minuten“

Futur I	ich werde sein du wirst sein er wird sein sie wird sein es wird sein wir werden sein ihr werdet sein sie werden sein	ich werre sinn du werschd sinn er werd sinn ähs werd sinn es werd sinn mir werre sinn ihr werre sinn se/die werre sinn

Futur II	ich werde gewesen sein du wirst gewesen sein er wird gewesen sein sie wird gewesen sein es wird gewesen sein wir werden gewesen sein ihr werdet gewesen sein sie werden gewesen sein	ich werre gewään sinn du wersch gewään sinn er werd gewään sinn ähs werd gewään sinn es werd gewään sinn mir werre gewään sinn ihr werre gewään sinn se/die werre gewään sinn

Das Hilfsverb „haben“

Präsens	ich habe du hast er hat sie hat es hat wir haben ihr habt sie haben	ich hann du haschd er hat ähs hat es hat mir hann ihr hann se/die hann

Perfekt	ich habe gehabt du hast gehabt er hat gehabt sie hat gehabt es hat gehabt wir haben gehabt ihr habt gehabt sie haben gehabt	ich hann gehatt du haschd gehatt er hat gehatt ähs hat gehatt es hat gehatt mir hann gehatt ihr hann gehatt se/die hann gehatt

Imperfekt	ich hatte du hattest er hatte sie hatte es hatte wir hatten ihr hattet sie hatten	ich hott du hottschd er hott ähs hott es hott mir hotte ihr hotte se/die hotte

Plusquamperfekt	ich hatte gehabt du hattest gehabt er hatte gehabt sie hatte gehabt es hatte gehabt wir hatten gehabt ihr hattet gehabt sie hatten gehabt	ich hott gehatt du hottschd gehatt er hott gehatt ähs hott gehatt es hott gehatt mir hotte gehatt ihr hotte gehatt se/die hotte gehatt

Nahe Zukunft	nicht existent, siehe: nahe Zukunft von „sein“

Futur I	ich werde haben du wirst haben er wird haben sie wird haben es wird haben wir werden haben ihr werdet haben sie werden haben	ich werre hann du werschd hann er werd hann ähs werd hann es werd hann mir werre hann ihr werre hann se/die werre hann

Futur II	ich werde gehabt haben du wirst gehabt haben er wird gehabt haben sie wird gehabt haben es wird gehabt haben wir werden gehabt haben ihr werdet gehabt haben sie werden gehabt haben	ich werre gehatt hann du werschd gehatt hann er werd gehatt hann ähs werd gehatt hann es werd gehatt hann mir werre gehatt hann ihr werre gehatt hann se/die werre gehatt hann

Das Hilfsverb „werden“

Präsens	ich werde du wirst er wird sie wird es wird wir werden ihr werdet sie werden	ich genn du gebbschd er gebbd ähs gebbd es gebbd mir genn ihr genn se/die genn

Perfekt	ich bin geworden du bist geworden er ist geworden sie ist geworden es ist geworden wir sind geworden ihr seid geworden sie sind geworden	ich bin woor du bischd woor er is woor ähs is woor es is woor mir sinn woor ihr sinn woor se/die sinn woor

Imperfekt	ich wurde du wurdest er wurde sie wurde es wurde wir wurden ihr wurdet sie wurden	im Saarländischen nicht existent; Ersatz: Perfekt

Plusquamperfekt	ich war geworden du warst geworden er war geworden sie war geworden es war geworden wir waren geworden ihr waren geworden sie waren geworden	im Saarländischen nicht existent; Ersatz: Perfekt

Nahe Zukunft	im hochdeutschen nicht existent; Ersatz: Präsens oder Futur I	im Saarländischen ebenfalls nicht existent. Ersatz: Präsens mit einem Umstandswort der Zeit. (Ich werre gleich…)

Futur I	ich werde werden du wirst werden er wird werden sie wird werden es wird werden wir werden werden ihr werdet werden sie werden werden	im Saarländischen nicht gebräuchlich

Futur II	ich werde geworden sein du wirst geworden sein er wird geworden sein sie wird geworden sein es wird geworden sein wir werden geworden sein ihr werdet geworden sein sie werden geworden sein	im Saarländischen nur in der Konjunktivform (Möglichkeitsform) gebräuchlich; siehe dazu „8.) Konditional und Konjunktiv“!

8. Konditional (Bedingungsform) und Konjunktiv (Möglichkeitsform)

Konditional

Hochdeutsch	Saarländisch
ich würde arbeiten, wenn...	ich dääd schaffe, wenn...
du würdest arbeiten	du däädschd schaffe
er würde arbeiten	er dääd schaffe
sie würde arbeiten	ähs dääd schaffe
es würde arbeiten	es dääd schaffe
wir würden arbeiten	mir däädе schaffe
ihr würdet arbeiten	ihr dääde schaffe
sie würden arbeiten	se/die dääde schaffe

Das Konditional wird im Hochdeutschen mit würde (Konjunktiv-Imperfekt von „werden") gebildet, im Saarländischen mit „dääd" (Konjunktiv-Präsens von „duhn")

Konjunktiv

Bei dieser im Hochdeutschen recht seltenen Form, wollen wir uns jeweils auf die erste Person Singular beschränken. Auffallend dabei, daß diese literarisch hoch angesehene Form im Saarländischen gebräuchlich ist.

Stammform

Präsens	ich arbeite	ich dääd schaffe
Perfekt	ich habe gearbeitet	ich hann geschafft
Imperfekt	ich arbeitete	(nicht existent)
Plusquamperfekt	ich hätte gearbeitet	ich hätt geschafft
Nahe Zukunft	(nicht existent)	ich dääd schaffe gehn
Futur I	ich werde arbeiten	ich werre schaffe
Futur II	ich würde gearbeitet haben	ich dääd geschafft hann

Das Hilfsverb „sein“

Präsens	ich sei	ich dääd sinn
Perfekt	ich sei gewesen	ich dääd gewään sinn
Imperfekt	ich wäre	ich wär
Plusquamperfekt	ich wäre gewesen	ich wär gewään
Nahe Zukunft	(nicht existent)	(nicht existent)
Futur I	ich werde sein	ich dääd sinn
Futur II	ich werde gewesen sein	ich dääd gewään sinn

Das Hilfsverb „haben“

Präsens	ich habe	ich hätt/ich dääd hann
Perfekt	ich habe gehabt	ich hätt gehatt
Imperfekt	ich hätte	ich hätt
Plusquamperfekt	ich hätte gehabt	ich hätt gehatt
Nahe Zukunft	(nicht existent)	(nicht existent)
Futur I	ich werde haben	ich werre hann
Futur II	ich werde gehabt haben	ich werre gehatt hann

Das Hilfsverb „werden“

Präsens	ich werde	ich werre/ich genn
Perfekt	ich sei geworden	ich dääd woor sinn
Imperfekt	ich würde	ich dääd
Plusquamperfekt	ich wäre geworden	ich wär woor
Nahe Zukunft	(nicht existent)	ich genn
Futur I	ich werde werden	ich werre genn
Futur II	ich werde geworden sein	ich werre woor genn sinn

Auch im Konjunktiv wird das Hilfsverb „werden“ sehr oft mit „genn“ übersetzt.

Das Hilfsverb „tuen“

Präsens	im Hochdeutschen ist „tuen“ kein Hilfsverb	ich dääd/ich gängd mache
Perfekt		ich hätt dunn
Imperfekt		(nicht existent)
Plusquamperfekt		(wie Perfekt)
Nahe Zukunft		(nicht existent)
Futur I		(nicht existent)
Futur II		(nicht existent)

9. Der Imperativ (Befehlsform)

Im Hochdeutschen bildet sich der Imperativ bei der Stammform durch Weglassen der „n“, im Saarländischen durch Verzicht auf das „e“ (jeweils beim Infinitiv).

Inf. Hochd.	Imp. Hochd.	Inf. Saarl.	Imp. Saarl.
arbeiten	arbeite!	schaffe	schaff!
lernen	lerne!	lehre	lehr!
schauen	schau(e)!	gucke	guck!

Die Bildung der Hilfsverben „sein“, „haben“ und „werden“ ist unregelmäßig.

sein	sei!	sinn	sei!
haben	hab(e)!	hann	(nicht existent)
werden	werde!	genn!	gebb!

10. Das Passiv (Leideform)

Im Hochdeutschen wird das Passiv durch das Hilfsverb „werden“ zusammen mit dem Partizip (Mittelwort) gebildet. Im Saarländischen gibt es außer „werre“ (+ Partizip) auch noch die Konstruktion mit dem saarländischen Hilfsverb „genn“ (ssarländisch für „geben“).

Hochdeutsch	Saarländisch
ich werde geschlagen	ich werre geschwaad ich genn geschwaad

Wichtig: Steht hinter „genn“ ein Substantiv, etwa eine Berufsbezeichnung, dann handelt es sich nicht um die Leideform, sondern um die Nahe Zukunft. Wir Saarländer sind aktiver. Wir „werden“ nicht Lehrer, „mir genn Lehrer“.

11. Sonderkonstruktionen beim Gebrauch der Zeiten

a) Die nahe Zukunft („ich gehn heirate") hat nichts mit der Form der Fortbewegung (etwa zum Standesamt) zu tun. „Gehen" ist ein saarländisches Hilfsverb. Die Handlung findet also in naher Zukunft statt.

b) Das Personalpronomen für die dritte Person Plural kann sowohl „se" als auch „die" heißen, wobei das häufige „die" fast die Stärke eines Demonstrativpronomens (hinweisendes Fürwort) hat.

c) „Ähs" ist das Personalpronomen für „sie" (Singular). Es ist nicht identisch mit der neutralen Form „es". Also: „Ähs (die Fraa) stellt sich immer so ahn", aber: „Es (das Finanzamt) treibt die Steiere en."

d) Das Futur ist wie im Hochdeutschen äußerst selten. Man sagt nicht „Nägschd Johr werr ich an die Costa Brava fahre", sondern „Nägschd Johr fahr ich an die Costa Brava". Der Gebrauch der ersten Form beinhaltet eine Unsicherheit: „Ich werde wahrscheinlich fahren".

e) Das Futur II wird im Saarländischen auch als Bekräftigungsform der Vergangenheit eingesetzt. Wenn jemand sagt: „Dem werr ich ebbes anneres verzehlt hann", dann heiß das nicht, daß man in Zukunft sagen kann, daß er vorher einem die Meinung gesagt hat. Es bedeutet vielmehr: „Ich habe ihm mal richtig die Meinung gesagt".

f) Das Futur II wird auch gebraucht, um erstaunt einen Tatbestand zu verneinen. „Ich werre gebaut hann" kann etwa ergänzt werden durch: „So weit käms noch! Bei denne Grundstickspreise…"

g) Ansonsten gehen wir sehr frei mit Konditional und Konjunktiv um. Konstruktionen wie „Wenn mir dort emol gewähn sinn dääde" sind ebenso wenig selten wie „Mir komme eich net eher besuche, als bis daß ihr mol bei uns gewähn sinn dääde".

12. Die Präpositionen (Verhältniswörter)

Die folgende Tabelle führt die wichtigsten Präpositionen im Hochdeutschen und im Saarländischen auf und gibt gleichzeitig eine Anwendungsmöglichkeit an:

Hochdeutsch	Saarländisch	Anwendung
nach	noh	**Noh** de Kersch gehn mir ähner trinke.
trotz	trotzdem daß	**Trotzdem daß** er Steier is, isser e kloorer Kerl.
kurz vor	korz vor	**Korz vor** de Grenz hann ich gemerkt, daß ich mei Ausweis net debei hott.
durch	dorch	Frieher bin ich immer **dorch** de Doole (Tunnel) gang.
außer	außer	Mir ware all doo – **außerm** (außer dem) Erich.
neben	näwe	Die Staatskanzlei is **näwe** de Ludwischskersch.
rings um	um erum	**Um** es Grundstick **erum** hann se jetzt e Zaun gezoh.
vor	vor	De Hund hat **vor** die Trepp geschiss.
unter	unner	Er wohnt **unner** mir.

nahe bei	in de Näh von	De Heinz wohnt **in de Näh vom** Gisela
mit	mit	Ich bin mied. Ich gehn net **mit.**
gegen	geje	Ich war schon immer **geje** die Pälzer.
von	von	De Schorsch **von** Daarle war aach do.
innen	innewenzisch	Bei dem scheene Wetter hucke se all drauße, nur es Alma huckt **innewenzisch.**
außerhalb	drauße	Ich bleiwe aach **drauße.**
unten	do junne	Bleib emol **do junne!** Ich komme gleich.
hinauf	enuff	Ich gehn **enuff** bei's.
hinter	hinner	**Hinner** de Roschdworschdbuud siehts aus wie bei Jääbs.
inmitten von	mittemang in	All laafe se doo rumm, nur es Gisela sitzt **mittemang in** de Leit.
über	iwwer	Sah nix iwwer der Oskar!
gegenüber	geje iwwer	De Charly wohnt geje iwwer.

BÜCHER AUS DEM LEHNERT VERLAG

Kleine Saarland-Reihe:

Alle Bände 14,5x14,5 cm, broschiert, 84 Seiten. Die Geschenkbücher dieser Reihe sind die auflagenstärksten Buch-Publikationen im Saarland.

Gerhard Bungert und Charly Lehnert
Hauptsach es schmeckt
Dieses Buch enthält neben den saarländischen Grundrezepten auch mehrere Artikel und Gedichte über die kulinarische Landschaft Saarland
Illustrationen: Pat Thiebaut
ISBN 3-926320-06-0

Gerhard Bungert und Charly Lehnert
So schwätze mir
Ein Sprachführer für alle, die schnell und konkret die saarländische Hochsprache erlernen wollen.
Die Sätze sind nach Situationen geordnet.
Im Anhang: Eine Kurz-Grammatik.
Illustrationen: Pat Thiebaut
ISBN 3-926320-09-5

Gerhard Bungert und Charly Lehnert
Mir sinn halt so
Ein Buch mit kurzen Texten und Karikaturen über typische Wesensmerkmale der saarländischen Lebensart und Mentalität.
Illustrationen: Pat Thiebaut
ISBN 3-926320-07-9

Gerhard Bungert und Charly Lehnert
Hann mir gelacht
Eine Sammlung saarländischen Humors. Dazu zählen sowohl traditionelle Episoden wie auch Bergmannsgeschichten.
Illustrationen: Arno Wanger
ISBN 3-926320-08-7

Claudia Lehnert
Aus Dibbe & Pann
Die beliebtesten Rezepte aus der saarländischen Küche. Kartoffel-Rezepte, Lyoner-Rezepte, Suppen und Eintöpfe, Salate, Fleischrezepte, Süßes, dem Elsaß-Lothringischen abgegucktes und vieles mehr.
Illustrationen: Pat Thiebaut
ISBN 3-926320-31-1

Ria Seitz-Lehnert und Charly Lehnert
Ixe-Dixe-Silwerglixe
Lustige und freche Reime aus dem Saarland für „die Pänz". Reime beim Scherzen und beim Spotten, beim Spielen, Finger- und Abzähl-Reime, Kettenreime und Zungenbrecher, Reime zu Festtagen und beim Entdecken der Umwelt, Tier- und Kniereiter-Reime. Trost- und Schlaf-Reime.
Illustrationen:
Pat Thiebaut und Volker Schmidt
ISBN 3-926320-30-3

Claudia Lehnert
Spiele ma ebbes?
Kloore Spiele an der Theke und anderswo.
Man sitzt zusammen, man unterhält sich, an der Theke, am Stammtisch, zu Hause und anderswo – und irgendwann sagt einer „Sah emol, wie isses dann? Spiele ma ebbes?" Man hat kein Gesellschaftsspiel zu Hand und keine Hilfsmittel. Für solche Fälle kommt der neue Band der „Kleinen Saarland-Reihe" gerade Recht – und hinterher heißt es dann: „Es war emol ebbes anneres!"
ISBN 3-926320-39-7

Patrick Gotthard
Das Off unn Ab im Lääwe
Saarländische Glossen von Heiner Lux.
Im Blickpunkt der Glossen steht zumeist „Er", und „Er" macht sich eben so „sei Gedangge". Er zweifelt, hinterfragt und erklärt sich die Welt mit eigenen Worten. Er gibt zu allem seinen Senf dazu. Heiner Lux, der als Redakteur beim „Saarbrücker Wochenspiegel" arbeitete, stellte „Ihm", dem Büroangestellten, eine Ehefrau, nämlich „Meins", zur Seite. Heiner Lux ist es dabei vortrefflich gelungen, exemplarisch Naturell und Lebensphilosophie, Einstellungen,

Stimmungen und Denken des
Saarländers zu zeichnen.
Illustrationen: Volker Schmidt
ISBN 3-926320-46-X

Ria Seitz-Lehnert
Selbstgebackenes und
Selbstgemachtes für die

Sießschniß Band 1

Gutsjer, Plätzjer, Kuche.
Der Duft von Anis, Nelken und Kardamom ist untrennbar mit Weihnachten verbunden. Aber auch zu anderen Zeiten verlangt „die Sießschniß" ihr Recht – im Hochdeutschen würde man Naschkatze oder Leckermaul sagen. Die Festtafel wird jedoch nicht nur mit Kuchen gedeckt.
ISBN 3-926320-38-9

Ria Seitz-Lehnert

Sießschniß Band 2

Torte, Sießes, Kischelscher.
Ria Seitz-Lehnert hat so viele Rezepte für „ebbes Sießes" zusammengetragen, erdacht und erprobt, daß ein zweiter Band erscheinen mußte.
Zusammen mit dem ersten Band sind die „Sießschniß"-Rezepte die verführerischsten Anleitungen zum Backen und zum Brutscheln.
ISBN 3-926320-40-0

Charly Lehnert

Oh, wie kloor!

Das saarländische Witze-Buch.
Das kennt doch jeder: Irgendeiner erzählt einen Witz und schon sagt jemand aus der Runde: „Ich, – ich kann joo kenn Witze verzeehle. Ich kann aach kenn Witze behalle!" Dem soll das neue Witze-Buch abhelfen.
ISBN 3-926320-54-0

Schorsch Seitz

Pälzer Witze

Ein Buch mit den schönsten Witze über unsere lieben Nachbarn in der Pfalz.
Manche geben es sogar zu, daß es ein Bedürfnis sein kann, über andere zu „rätschen" oder auch mal richtig herzuziehen. Im Norden sind die „Anderen" die Ostfriesen, bei uns die „Pälzer". Und die halten es ohne Scheu genau so mit uns, den lieben Saarländern…
ISBN 3-926320-66-4

Claudia Lehnert und Charly Lehnert

Dibbelabbes

Die beliebtesten Kartoffel-Rezepte der saarländischen Küche.
Jede Region hat etwas kulinarisch Typisches, ein „Nationalgericht". Im Saarland ist es der „Dibbelabbes", ein Kartoffelgericht – oder ist das vielleicht „Schaales", was bei Dorf- und Stadtfesten in den Pfannen brutzelt?
Das kleine Kochbuch enthält Rezepte für „Gefillde", Geheirate", Stragge" und viele andere Kartoffelgerichte der traditionellen Küche aber auch für die „Feine Küche".
ISBN 3-926320-58-3

Große Saarland-Reihe:

Hans Jager

Was isses?

Das saarländische Rätsel-Buch.
Heitere Mundart-Gedichte von der „Saarbrigger Schniss". Unter diesem Namen ist der Autor Hans Jager durch die Mundart-Sendungen des Saarländischen Rundfunks im Saarland und in den angrenzenden Gebieten bekannt geworden.
Illustrationen: Volker Schmidt.
ISBN 3-926320-32-X
21x20,5 cm, gebunden, 96 S.

Hans Jager und Lucien Schmitthäusler

Das Wutze Buch

Frivole Gedichte zu einem uralten Thema.
Hans Jager aus Saarbrücken und Lucien Schmitthäusler aus Sarreinsming bei Sarreguemines in Lothringen schreiben beide in rheinfränkischer Mundart. Und gereimt klingt dabei manches gar nicht mehr so wutzig.
Illustrationen: Arno Wanger
ISBN 3-926320-50-8
21x20,5 cm, gebunden, 84 S.

Reihe Saar-Lor-Lux:

Lucien Schmitthäusler

Fabeln von de Mudder Essig

Essigsaure Geschichten aus Lothringen
Histoires acides de Lorraine.
Der Autor Schmitthäusler ist

Lothringer und lebt im Elsaß. Er ist ein Denkmalpfleger der Sprache und dichtet in Lothringer Mundart.
Illustrationen: Pat Thiebaut
ISBN 3-926320-26-5
21x20,5 cm, gebunden, 76 S

Landeskunde:

Gerhard Bungert und Charly Lehnert:

Vereine im Saarland

Eine kulturgeschichtliche, populärwissenschaftliche Untersuchung über die Frage, warum es im Saarland die meisten Vereine gibt – mit zahlreichen Fotos und Informationen über die Geschichte und die Ausprägungen des saarländischen Vereinswesens.
ISBN 3-926320-05-2
21x27 cm, gebunden, 240 S.

Charly Lehnert

Wintringen

Wiederbelebung einer Wüstung an der oberen Saar.
Die ehemalige fränkisch-merowingische Siedlung an der oberen Saar wurde bereits Mitte des 15. Jahrhunderts zur Wüstung. In dem reichlich bebilderten Buch wird die Geschichte des Dorfes und des Hofes Wintringen und der dem Heiligen Wolfgang geweihten gotischen Kapelle aufgezeigt.
Mit-Herausgeber des Buches ist der Förderverein Wintringer Kapelle e.V.
ISBN 3-926320-33-8
21x20,5 cm, 50 Abbildungen, Karten und Pläne, broschiert, 72 S.

Das Mini-Geschenkbuch:

Gerhard Bungert

Hundert Worte Saarländisch

(Grundwortschatz)
Das Geschenkbüchlein enthält eine Zusammenstellung und Erläuterungen der 100 wichtigsten saarländischen Mundartausdrücke.
Illustrationen: Kurt Heinemann
ISBN 3-926320-11-7
7,5x10,5 cm, broschiert, 36 S.

Taschenbuchreihe: „Das Saarland erzählt“

Band 1: Detlev Schönauer

Jacques' Bistro

Saartirisches aus dem Alltag.
Detlev Schönauer ist der bekannteste saarländische Kabarettist, einer der besten im süddeutschen Raum. Er beobachtet mit scharfen Augen die Szene, das saarländische Weltbild, deckt auf unterhaltsame Weise die Eigenarten und Schwächen der Menschen im Lande auf, auch die Strukturen in Kultur, Wirtschaft und Politik.
Das alles, ohne zu verletzen.
Illustrationen: Volker Schmidt
ISBN 3-926320-47-8
12,5x19 cm, broschiert, 126 S.

Band 2: Schorsch Seitz

Es war emool…

Märchenhafte Geschichten aus dem Saarland. Ennfach kloor!
Ungewöhnlich und überraschend ist es, wenn bekannte Figuren aus Grimms Märchen plötzlich im Saarland auftauchen und verrückte Sachen erleben. Schorsch Seitz, der Rock-Poet und Schauspieler hat für die Großen und Kleinen diese Geschichten erdacht.
Illustrationen: Arno Wanger
ISBN 3-926320-49-4
12,5x19 cm, broschiert, 126 S.

Band 3: Elmar Engel

Wer zuletzt lacht…

Ein saarländischer Heimat-Krimi.
Hampitt Holbach, der saarländische Bergmann aus Nunkirchen, die Romanfigur des Autors Elmar Engel, ist ein Wanderer zwischen zwei Welten. Vor der Jahrhundertwende war er aus der Heimat weggelaufen. Nun kommt er zurück in seine Heimat. Es ist die Zeit vor dem Ersten Weltkrieg. Aber, was hat er vorzuweisen? Was hat er aus der Fremde mitgebracht? Nichts, als diesen verdammten schweren Koffer. Mit seinem Inhalt hat es was auf sich.
Und das ist der Anfang eines saarländischen Heimat-Krimis, der im Hochwald, in Saarlouis, Saarbrücken und anderswo spielt.
ISBN 3-926320-53-2
12,5x19 cm, broschiert, 170 S.

Band 4:
Gerhard Bungert

Die Heiligen Kühe der Saarländer

* De Becker Heinz * Dehemm sinn *
* Franzeesisch esse * Die Grub *
* Kloor sinn * De Oskar *
* Es Schwätze * Sich kenne *

Gerhard Bungert gilt als einer der besten Kenner saarländischer Mentalität. Seine Spezialität ist das, was die Amerikaner als Infotainment bezeichnen: die unterhaltsame Präsentation ansonsten trockener Informationen. In dem Taschenbuch finden sich Beobachtungen und Gedanken, die nicht mehr zugänglich waren, weil viele Bücher, die Gerhard Bungert früher selbst oder zusammen mit Charly Lehnert geschrieben hatte entweder vergriffen waren oder vieles nur verstreut vorhanden war. Dazu kommen zahlreiche Pointen aus seinen eher kabarettistischen Vorträgen zum Thema „Typisch Saarländisch"
ISBN 3-926320-48-6
12,5x19 cm, broschiert, 152 S.

Band 5:

Charly Lehnert

De Freckert

Erzählungen, Episoden und Lausbubengeschichten von früher und heute.
Wer kann sich nicht an ein Erlebnis aus der Kindheit oder Jugendzeit erinnern, bei der die Geschichte am Schluß mit dem Ausruf endete: „Der doo Freckert!" Und das war meist sehr lieb gemeint. Mal mit ein bißchen Tadel, mal mit ein bißchen Lob und Anerkennung.
Freckert – dieser mundartliche Ausdruck kennzeichnet einen kleinen frechen Jungen. „Die doo Krott!", mit diesem Wort könnte man das weibliche Gegenstück dazu bezeichnen, ein Lausemädel. Unangenehm sind die „Freckerte" nicht, die in den vergnüglichen Geschichten des Autors Charly Lehnert und anderer saarländischer Autoren vorkommen.
Die Geschichten aus dem Saarland sind teils in rheinfränkischer und teils in moselfränkischer Mundart geschrieben
ISBN 3-926320-51-6
12,5x19 cm, broschiert, 152S.

Band 6:
Detlev Schönauer

Zoff am Zapphahn

Neues aus Jacques' Bistro.
Die Fan-Gemeinde des Kabarettisten Detlev Schönauer ist in kurzer Zeit enorm gewachsen. Die Medien-Präsenz von Detlev Schönauer als Kneipenwirt Jacques im Saarländischen Rundfunk und auf Kabarettbühnen haben den Ruf nach einem Folgeband in der Taschenbuch-Reihe verstärkt. Der liegt nun vor. Mit Episoden, Szenen und Geschichten zum Schmunzeln
und zum Kaputtlachen. Jacques hat seine Beobachtungen aus der saarländischen Szene notiert.
Und wo hört man die am meisten? Beim Zoff am Zapphahn.
ISBN 3-926320-55-9
12,5x19 cm, broschiert, 152S.

Band 7:
Peter Loibl

Die Spargel-Prinzessin

Er gehört nicht zu den Vielschreibern. Und doch wußten die Beobachter seines literarischen Schaffens nicht erst seit der Buchveröffentlichung „Die Ermordung des Hein O.", erschienen 1979 im Queißer Verlag und herausgegeben vom VS Saar, daß Peter Loibl einer der interessantesten Autoren in dieser südwestlichen Ecke Deutschlands ist. Einer, der es in ganz besonderer Weise versteht, zu verdichten.
In diesem Band Nr. 7 der Taschenbuch-Reihe „Das Saarland erzählt" werden Erzählungen des in Bayern geborenen und im Saarland aufgewachsenen Autors vorgestellt. Diese hintersinnigen und oft irritierenden Geschichten bringen keine Unterhaltung von der locker-leichten Sorte. Schmunzeln und Schaudern, Lachen und Betroffenheit – das alles liegt sehr eng zusammen. Fast wie im richtigen Leben...
ISBN 3-926320-63-X
12,5x19 cm, broschiert, 148 S.

Band 8:
Gerhard Bungert und Charly Lehnert

Das Weihnachtsbuch

Die beiden Herausgeber und Autoren vieler Bücher über Mentalität und Lebensart der Saarländer haben für

diese Anthologie Beiträge von mehr als dreißig saarländischen Autorinnen und Autoren zusammengetragen, darunter Klaus Bernarding, Gerhard Bungert, Maria Croon, Alfred Gulden, Ludwig Harig, Johannes Kirschweng, Peter Loibl, Rainer Petto, Gustav Regler, Manfred Römbell, Doris Seck, Schorsch Seitz – aber auch literarische Arbeiten vieler, die nicht so sehr im Blickpunkt der Öffentlichkeit stehen.
ISBN 3-926320-65-6
12,5x19 cm, broschiert, 148S.

Erzählungen:

Waltraud Schiffels

Saarbrücker Hexen

Erotische Geschichten.
Die eigentliche Heldin der Erzählungen „Jodoka", bei der es um Leben und Sterben der beiden Saarbrücker Hexen geht, die 1631 hingerichtet wurden, der „Pygmalia", die die Liebesgeschichte zwischen einem Standbild und einer Hure erzählt, und der „Legende vom Grund des Geizes des geizigen Bäckers" ist allemal die Landeshauptstadt Saarbrücken selbst.
Mit Illustrationen der Autorin.
ISBN 3-926320-29-X
15x22 cm, gebunden,
128 S., mit Schutzumschlag

Kulinarisches:

Maria Peifer

Oma Maja

Gut gewürzte Geschichten rund ums Kochen.
Die Autorin erzählt von eigenen Erlebnissen aus der Zeit gegen Ende des Zweiten Weltkrieges und aus der Nachkriegszeit. Damals stand die Frage im Mittelpunkt: Wie kriege ich meine Familie satt und wie koche ich gut und schmackhaft mit dem, was der Garten in den vier Jahreszeiten hergibt. Die Buch-Auflage ist numeriert. Alle Bücher sind von Oma Maja handsigniert.
ISBN 3-926320-57-5
15,5x22 cm, broschiert,148 S.

Bild-Bände

Fritz Ludwig Schmidt / Delf Slotta

Bergbau Kartenspiele

Das Buch beschreibt in Wort und Bild Wissenswertes rund um den Bergbau. 12 Bergbau-Kartenspiele mit 192 farbigen Darstellungen des Zeichners Fritz Ludwig Schmidt und die ergänzenden Texte von Delf Slotta beschreiben die Menschen, Maschinen, Geräte, Fördertürme, Wohn- und Verwaltungsgebäude sowie die Berufskleidungen. Sie dokumentieren ein Stück Bergbaugeschichte allgemein und speziell ein Stück Saar-Bergbau.
ISBN 3-926320-68-0
22,5x23 cm, gebunden, 96 Seiten

Charly Lehnert / Detlev Schönauer

Detlev Schönauer / Das Beste

aus seinen Kabarett-Programmen.
Detlev Schönauer hat mit seinem Kneipenwirt Jacques eine echte Kultfigur geschaffen. Aber nicht nur als Jacques begeistert er sein Publikum auf kleinen Kabarett-Bühnen und in großen Hallen. Für die Fan-Gemeinde Detlev Schönauers bietet dieser farbige Bildband Episoden, Szenen und Geschichten zum Schmunzeln und Kaputtlachen
– aber auch viele Bilder von Auftritten des beliebten Kabarettisten sowie Stories zu seiner Biografie.
ISBN 3-926320-69-9
22,5x23 cm, gebunden, 128 Seiten

Charly Lehnert / Schorsch Seitz

Lieder & Leute aus dem Saarland

In dem magazinhaft gestalteten Buch werden mit Stories, Songs und Bildern beliebte und bekannte Liedermacher und Stars der Pop-Musikszene, Musik-Gruppen und Szene-Macher vorgestellt.
Alles Akteure, die aus dem Saarland stammen und von denen man sagt „uff die sin mir stolz!".
Zum Teil aus eigenem Erleben heraus, stellen die beiden Autoren solche Künstlerinnen und Künstler vor, die über die Grenzen hinaus bekannt geworden sind.
ISBN 3-926320-59-1
22,5x23 cm, gebunden, 128 Seiten